JN065169

● よくできたとき, よく□□□□□□□□□□りましょう。

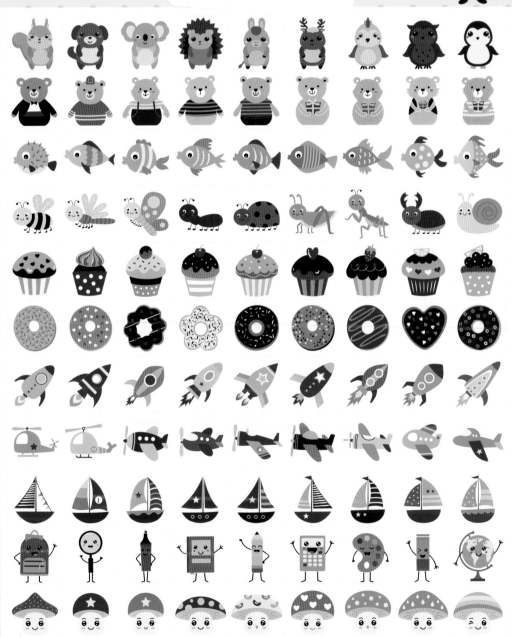

1 すきな　どうぶつしらべを　しました。

きりん	パンダ	ねこ	パンダ	きりん
ねこ	うさぎ	きりん	うさぎ	きりん
きりん	パンダ	パンダ	ねこ	パンダ
パンダ	ねこ	うさぎ	パンダ	うさぎ

(1) ひょうに　あらわしましょう。（60点）1つ20

どうぶつ	きりん	パンダ	ねこ	うさぎ
数	5			

(2) (1)の　ひょうの　数を，○を　つかって　グラフに　あらわしましょう。（40点）1つ10

すきな　どうぶつしらべ

きりん	パンダ	ねこ	うさぎ

1つずつ カードに
しるしを つけながら，
グラフに ○を かこう。

ひょうと グラフ ②

1 4人で まと当てを しました。右の グラフは 当たった 回数を あらわして います。

当たった 回数

（縦のグラフ）

ひろき	みき	りょう	さやか

(1) いちばん 多く 当たった のは だれですか。（30点）

[　　　　　　　]

(2) ひろきさんと りょうさんの 当たった 回数の ちがいは 何回ですか。（30点）

[　　　　　　　]

(3) ひょうに あらわしましょう。（40点）1つ10

名まえ	ひろき	みき	りょう	さやか
回数				

2

答えは85ページ ☞

シール

月　　日

とく点

点　合かく/80点

1 ひっ算で 計算しましょう。（60点）1つ10

① 14+35　　② 32+24　　③ 51+36

④ 28+40　　⑤ 72+6　　⑥ 2+34

2 お店で, 24円の あめと, 75円の クッキーを 買います。だい金は いくらに なりますか。（しき20点・答え20点）

（しき）

[　　　　]

たし算の　ひっ算 ②

1 ひっ算で　計算しましょう。（60点）1つ10

❶ 45＋27　　❷ 32＋49　　❸ 28＋28

❹ 51＋19　　❺ 4＋38　　❻ 53＋7

2 あやなさんは，本を，4月に　18さつ，5月に　22さつ　かりました。あわせて　何さつ　かりましたか。（しき20点・答え20点）

（しき）

[　　　　　]

ひき算の ひっ算 ①

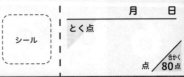

シール

月　日

とく点

点／合かく 80点

1 ひっ算で 計算しましょう。（60点）1つ10

① 97−33　　② 78−14　　③ 63−13

④ 78−25　　⑤ 89−8　　⑥ 42−40

2 おり紙が 54まい あります。11まい つかいます。のこりは 何まいですか。

（しき20点・答え20点）

（しき）

くらいを たてに そろえて 計算しよう。

[　　　]

ひき算の　ひっ算 ②

1 ひっ算で　計算しましょう。(60点) 1つ10

❶ 32−18　　❷ 44−28　　❸ 72−35

❹ 41−39　　❺ 60−13　　❻ 72−9

2 50円　もって,お店に　行きました。29円
の　おかしを　買いました。のこりは　何円
に　なりましたか。(しき20点・答え20点)

(しき)

[　　　　　]

答えは86ページ ☞

1000 までの 数 ①

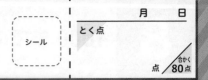

シール

月　　　日

とく点

点 ／合かく 80点

1 数字で 書きましょう。(60点) 1つ15

❶ 三百二十八　　　　❷ 五百四十

[　　　　　　]　　　　[　　　　　　]

❸ 九百　　　　　　　❹ 百三

[　　　　　　]　　　　[　　　　　　]

2 □に あてはまる 数を 書きましょう。

(30点) 1つ10

(1) 100 を 6こ, 10 を 2こ, 1を 8こ

あわせた 数は [　　　　　] です。

(2) 560 は [　　　　　] を 5こと [　　　　　] を

6こ あわせた 数です。

3 10を 24こ あつめた 数は いくつです

か。(10点)

[　　　　　　　　]

1000までの 数 ②

1 1000より 200 小さい 数は いくつ ですか。(10点)

100を 10こ あつめた 数が 1000だよ。

[　　　　　]

2 □に あてはまる 数を 書きましょう。

(30点) 1つ15

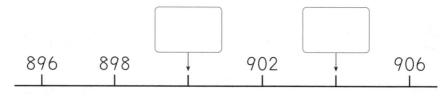

896　898　　　902　　　906

3 計算を しましょう。(60点) 1つ10

❶ 400+200

❷ 800-500

❸ 700+30

❹ 640-40

❺ 200+8

❻ 903-3

たし算の ひっ算 ③

1 ひっ算で 計算しましょう。(60点) 1つ10

① 47+85　　② 55+79　　③ 67+68

④ 98+8　　⑤ 6+99　　⑥ 99+97

2 はるとさんの 学校の 1年生は 67人，
2年生は 77人です。あわせて 何人です
か。(しき20点・答え20点)

(しき)

[　　　　　]

たし算の　ひっ算 ④

1 ひっ算で　計算しましょう。(60点) 1つ10

❶ 325+4　　❷ 673+5　　❸ 6+178

❹ 7+805　　❺ 457+16　　❻ 234+58

2 ビー玉を　ゆうまさんは　125こ, けんとさんは　48こ　もって　います。あわせて　何こ　ありますか。(しき20点・答え20点)

(しき)

[　　　　　]

答えは86ページ ☞

ひき算の　ひっ算 ③

1 ひっ算で　計算しましょう。（60点）1つ10

① 127−45　② 134−60　③ 163−91

④ 123−57　⑤ 117−39　⑥ 101−25

2 49円の　ガムを　買って，100円を　出しました。おつりは　何円ですか。（しき20点・答え20点）

（しき）

[　　　　　]

ひき算の ひっ算 ④

1 ひっ算で 計算しましょう。(60点) 1つ10

❶ 274−36　❷ 581−64　❸ 867−29

❹ 908−8　　❺ 461−5　　❻ 793−84

2 カードを 281まい もって います。
友だちに 64まい あげると, のこりは
何まいですか。(しき20点・答え20点)

(しき)

[　　　　　]

答えは87ページ ☞

数の 大小

1 □に あてはまる ＞, ＜, ＝を 書きましょう。（90点）1つ15

❶ 235 □ 238

❷ 493 □ 487

❸ 106 □ 16

❹ 63 □ 20＋40

❺ 80 □ 30＋50

❻ 103 □ 40＋80

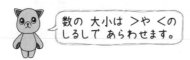

数の 大小は ＞や ＜の
しるしで あらわせます。

2 まさとさんは 100円 もって います。
60円の ガムと, 下の どれか1つを 買います。 どれが 買えますか。（10点）

ガム　　　チョコレート　　　あめ　　　せんべい
60円　　　　70円　　　　　30円　　　　50円

[　　　　　　　　　　　　　]

計算の じゅんじょ

1 計算を しましょう。(60点) 1つ15

❶ (13+7)+6

❷ (28+12)+9

❸ 19+(26+4)

❹ 17+(25+15)

2 3しゅるいの 色いたが あります。ぜんぶ
で いくつ あるかを もとめます。しきと
計算の しかたを 正しく むすびましょう。

(40点) 1つ20

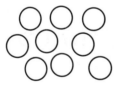
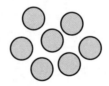
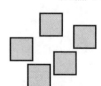

❶ 9+(7+5) ・

・⑦ まるの 色いたを
まとめて 計算する。

❷ (9+7)+5 ・

・⑦ 赤い 色いたを
まとめて 計算する。

答えは87ページ ☞

長さ

1 □に　あてはまる　数を　書きましょう。

（20点）1つ10

❶ 2 cm 4 mm = ☐ mm

❷ 70 mm = ☐ cm

2 計算を　しましょう。 （60点）1つ15

❶ 23 cm + 14 cm

❷ 47 cm − 22 cm

❸ 6 cm 5 mm + 2 mm

❹ 9 cm 8 mm − 5 cm

3 [ ]に　あてはまる　たんいを　書きましょう。 （20点）1つ10

❶ 赤えんぴつの　長さ……12[　　　　]

❷ きょうか書の　あつさ……5[　　　　]

水の　かさ

1 入れものの　水の　かさは　どれだけですか。
(10点)

 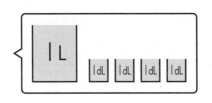

[　　　　　　]

2 □に　あてはまる　数を　書きましょう。
(30点) 1つ5

❶ 1 L = □ dL
❷ 2 L 5 dL = □ dL

❸ 50 dL = □ L
❹ 17 dL = □ L □ dL

❺ 1 L = □ mL
❻ 1 dL = □ mL

3 計算を　しましょう。
(60点) 1つ15

❶ 3 L + 4 L
❷ 4 L 2 dL + 1 L 5 dL

❸ 9 dL − 5 dL
❹ 3 L 8 dL − 2 L 5 dL

答えは87ページ ☞

時こくと　時間 ①

1 下の　絵を　見て，時こくや　時間を　書き
ましょう。(60点) 1つ20

❶ おきた　時こく　　　　[　　　　　　　　　　]

❷ 家を　出た　時こく　[　　　　　　　　　　]

❸ おきてから　家を　出るまでの　時間

[　　　　　　　　　　]

2 つぎの　時こくを　書きましょう。(40点) 1つ20

❶ 2時52分から　40分　たった　時こく

[　　　　　　　　　　]

❷ 9時15分より　30分前の　時こく

[　　　　　　　　　　]

時こくと 時間 ②

1 □に あてはまる 数を 書きましょう。

(30点) 1つ10

時こくや 時間の あらわしかたを おぼえよう。

❶ 1日 = □ 時間

❷ 1時間 = □ 分

❸ 80分 = □ 時間 □ 分

2 午前, 午後を つけて, 時こくを 書きましょう。 (40点) 1つ20

❶ [　　　　　　] ❷ [　　　　　　]

3 正午から 午後5時までは 何時間 ありますか。 (30点)

[　　　　　　]

答えは87ページ ☞

三角形と　四角形 ①

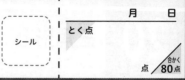

1 三角形と　四角形を　ぜんぶ　えらんで，
記ごうで　答えましょう。（60点）1つ30

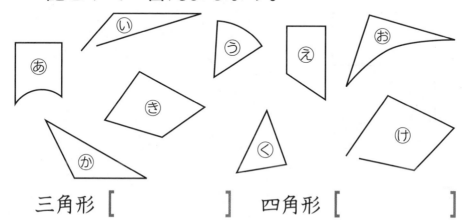

三角形 [　　　　　　　]　　四角形 [　　　　　　　　　]

2 下の　三角形を　１本の　直線で　切って，
つぎの　２つの　形に　します。どのように
切れば　できますか。直線を　かきましょう。

（40点）1つ20

① ２つの　三角形

② 三角形と　四角形

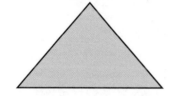

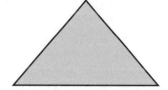

三角形と　四角形 ②

シール

月　日

とく点

点／合かく 80点

1 長方形, 正方形, 直角三角形は　どれですか。
（60点）1つ20

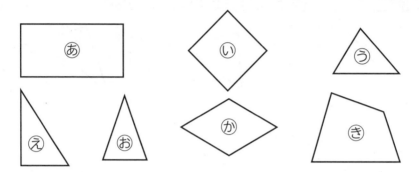

あ　い　う　え　お　か　き

❶ 長方形 [　　　　　　]　❷ 正方形 [　　　　　　]

❸ 直角三角形 [　　　　　　]

2 □に　あてはまる　数や　ことばを　書きましょう。（40点）1つ10

(1) 正方形は, [　　　]つの　かどが　どれも

[　　　]で, 4つの [　　　]の　長さが　同じ

に　なって　います。

(2) 直角三角形は, [　　　]の　かどが　ある

三角形です。

答えは88ページ ☞

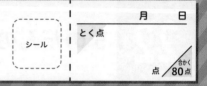

1 □に あてはまる 記ごうや 数や ことば を 書きましょう。(80点) 1つ20

(1) 3の 2つ分の ことを, 3□2 と 書き ます。

(2) 2つ分の ことを, □ばいと いいます。

(3) 4×3 は,「四□三」と 読みます。

(4) 2×4, 3×5 のような 計算を □ と いいます。

2 おさらに みかんが 2こずつ のって い ます。かけ算の しきに 書きましょう。(20点)

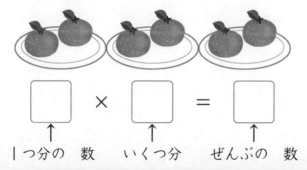

□ × □ = □
↑　　　↑　　　↑
1つ分の 数　いくつ分　ぜんぶの 数

5のだんの 九九

シール

とく点

月　日

点 ／ 合かく 80点

1 計算を しましょう。(90点) 1つ10

① 5×4

② 5×7

③ 5×9

④ 5×2

⑤ 5×5

⑥ 5×6

⑦ 5×8

⑧ 5×1

⑨ 5×3

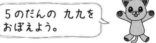

5のだんの 九九を おぼえよう。

2 ケーキが 5こずつ 入った はこが 4は
こ あります。ケーキは ぜんぶで 何こ
ありますか。(しき5点・答え5点)

（しき）

[　　　　　]

22

答えは88ページ

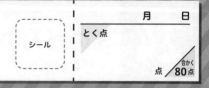

1 計算を しましょう。(90点) 1つ10

❶ 2×6

❷ 2×8

❸ 2×9

❹ 2×3

❺ 2×2

❻ 2×5

❼ 2×7

❽ 2×4

❾ 2×1

2 りんごが 1パックに 2こずつ 入って
います。7パック 買うと, りんごは ぜん
ぶで 何こに なりますか。(しき5点・答え5点)

(しき)

[　　　　　]

3のだんの 九九

1 計算を しましょう。(90点) 1つ10

① 3×6

② 3×2

③ 3×1

④ 3×3

⑤ 3×8

⑥ 3×9

⑦ 3×7

⑧ 3×5

⑨ 3×4

2 えんぴつが 3本セットで 1つの ケース
に 入って います。5ケースでは, えんぴ
つは ぜんぶで 何本に なりますか。

(しき5点・答え5点)

(しき)

[　　　　　]

答えは88ページ

4のだんの　九九

1 計算を　しましょう。（90点）1つ10

❶ 4×6

❷ 4×5

❸ 4×9

❹ 4×1

❺ 4×2

❻ 4×8

❼ 4×7

❽ 4×4

❾ 4×3

2 7台の　車が　ならんで　います。1台の　車には　4人ずつ　のって　います。みんなで　何人　のって　いますか。（しき5点・答え5点）

（しき）

[　　　　　]

6のだんの　九九

1 計算を　しましょう。（90点）1つ10

① 6×4　　　② 6×5

③ 6×6　　　④ 6×9

⑤ 6×1　　　⑥ 6×8

⑦ 6×2　　　⑧ 6×3

⑨ 6×7

2 ぜんぶの　◯の　数を　もとめます。かけ算
を　つかって　答えを　出しましょう。

（しき5点・答え5点）

（しき）

［　　　　　］

答えは89ページ

7のだんの 九九

シール

月　　日

とく点

点 ／合かく 80点

1 計算を しましょう。（90点）1つ10

① 7×1

② 7×5

③ 7×8

④ 7×2

⑤ 7×3

⑥ 7×9

⑦ 7×7

⑧ 7×6

⑨ 7×4

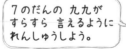

7のだんの 九九が
すらすら 言えるように
れんしゅうしよう。

2 1週間は 7日 あります。りゅうとさんは，
「3週間，毎日 お手つだいを したよ。」
と 言って います。何日間 お手つだいを
しましたか。（しき5点・答え5点）

（しき）

[　　　　　]

8のだんの 九九

1 計算を しましょう。（90点）1つ10

① 8×9

② 8×4

③ 8×2

④ 8×5

⑤ 8×1

⑥ 8×3

⑦ 8×8

⑧ 8×7

⑨ 8×6

2 ボールを つめた はこが 7はこ ありま
す。1はこの 中には, ボールが 8こずつ
入って います。ボールは ぜんぶで 何こ
ありますか。（しき5点・答え5点）

（しき）

[　　　　]

答えは89ページ ☞

9のだんの 九九

1 計算を しましょう。（90点）1つ10

① 9×7

② 9×1

③ 9×2

④ 9×5

⑤ 9×3

⑥ 9×9

⑦ 9×6

⑧ 9×8

⑨ 9×4

2 9のだんの 九九の 答えを じゅんばんに ならべます。（10点）1もん5

(1) □に あてはまる 数を 書きましょう。

9　18　□　36　45　□　63　72　81

(2) 答えの 一のくらいの 数字は, どのように かわって いますか。

[　　　　　　　　　　　　　　　　　　]

1のだんの 九九

1 計算を しましょう。(90点) 1つ10

❶ 1×5

❷ 1×4

❸ 1×1

❹ 1×7

❺ 1×8

❻ 1×2

❼ 1×3

❽ 1×9

❾ 1×6

2 答えが 同じに なる 九九を 2つ 書きましょう。(10点) 1もん5

❶ 1×8 ⟶ ☐×☐ , ☐×☐

❷ 1×6 ⟶ ☐×☐ , ☐×☐

答えは89ページ☞

LESSON 31 かけ算 ①

シール

月　　日

とく点

点／合かく80点

1 計算を しましょう。（80点）1つ10

❶ 3×6

❷ 5×1

❸ 2×9

❹ 4×7

❺ 1×8

❻ 3×2

❼ 5×5

❽ 2×7

2 □に あてはまる 数を 書きましょう。（10点）

4×8=□×4

3 答えが 16に なる 九九を 3つ 書きましょう。（10点）

□×□, □×□, □×□

算数 生活 国語 答え　　31　　答えは89ページ ☞

かけ算 ②

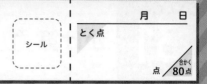

シール

1 □に あてはまる 数を 書きましょう。（10点）

$$2 \times 5 = 2 \times 4 + \boxed{}$$

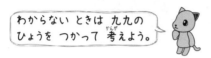

わからない ときは 九九の ひょうを つかって 考えよう。

2 答えが 24に なる 九九を 3つ 書きましょう。（10点）

$\boxed{} \times \boxed{}$,　$\boxed{} \times \boxed{}$,　$\boxed{} \times \boxed{}$

3 計算を しましょう。（80点）1つ10

❶ 6×8

❷ 9×3

❸ 8×7

❹ 7×5

❺ 10×4

❻ 13×3

❼ 6×11

❽ 8×12

答えは90ページ ☞

1 □に あてはまる 数(かず)を 書(か)きましょう。
(30点) 1つ10

(1) ▨ は ▨▨ の □分(ぶん)の1で あると
いいます。

(2) $\frac{1}{4}$ は，1を 同(おな)じ 大きさに □つに
分(わ)けた □つ分の 大きさです。

2 下(した)の 図(ず)の ▨の 大きさは 正方形(せいほうけい)の 大きさの 何分(なんぶん)の1ですか。分数(ぶんすう)を つかって 書きましょう。(60点) 1つ20

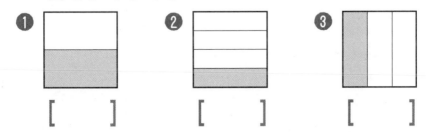

❶ [　　] ❷ [　　] ❸ [　　]

3 下の 図で, もとの 大きさの $\frac{1}{5}$ に あたる
大きさに 色(いろ)を ぬりましょう。(10点)

10000までの 数

1 3700に ついて 答えましょう。（40点）1つ20

(1) 100を 何こ あつめた 数ですか。

[　　　　　]

(2) 10を 何こ あつめた 数ですか。

[　　　　　]

2 つぎの 数を 書きましょう。（40点）1つ20

(1) 1000を 10こ あつめた 数

[　　　　　]

(2) 10000より 3 小さい 数

[　　　　　]

3 下の 数で, 大きい じゅんに ばんごうを
書きましょう。（20点）

7897　　8020　　8007　　8100

[　　]　[　　]　[　　]　[　　]

答えは90ページ

1 □に あてはまる 数を 書きましょう。

（40点）1つ10

❶ 6 m ＝ ☐ cm

1 m は 100 cm だよ。

❷ 8 m 30 cm ＝ ☐ cm

❸ 794 cm ＝ ☐ m ☐ cm

❹ 502 cm ＝ ☐ m ☐ cm

2 計算を しましょう。 （60点）1つ10

❶ 3 m 40 cm＋5 m

❷ 4 m 10 cm＋60 cm

❸ 2 m＋30 cm

❹ 7 m 5 cm－3 m

❺ 1 m 70 cm－50 cm

❻ 9 m 80 cm－80 cm

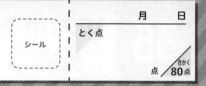

LESSON

36

はこの 形

シール

月　日

とく点

点　/合かく 80点

1 右の はこの 形で
ぁ～うの ところは
何と いいますか。
[ ]に あてはまる
ことばを 書きましょ
う。（60点）1つ20

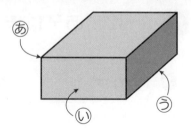

ぁ [　　　　　　]　　　い [　　　　　　　　]

う [　　　　　]

2 ねん土玉と ひごで,
はこの 形を つくり
ます。（40点）1つ10

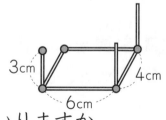

3cm　　4cm　　6cm

(1) ねん土玉は, あと 何こ いりますか。

[　　　　　　　]

(2) ひごは あと 何本 いりますか。

3cmの ひご　　　　　　[　　　　　　]

4cmの ひご　　　　　　[　　　　　　]

6cmの ひご　　　　　　[　　　　　　]

36

答えは90ページ ☞

町たんけん（春）

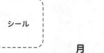

月　日

1 春の　町の　ようすで　見つけた　ことに
〇を　つけましょう。

❶ [　　　]　　　❷ [　　　]

❸ [　　　]　　　❹ [　　　]

やさいを　そだてよう

シール

月　日

1 学校で　そだてた　ことが　ある　やさいに
〇を　つけましょう。

❶ イチゴ[　　　]　　❷ キュウリ[　　　]

❸ トウモロコシ[　　　]　❹ サツマイモ[　　　]

答えは91ページ

生きものを　さがそう

1 学校や　町で　見つけた　生きものを　絵と
文で　かきましょう。

生きものを　見つけたよ

見つけた日　　　　　　月　　　　　日

見つけたところ

絵

文

1 学校で　カブトムシを　かう　ことに　なり
ました。　かうのに　ひつような　ものを
下の　絵に　かきたしましょう。

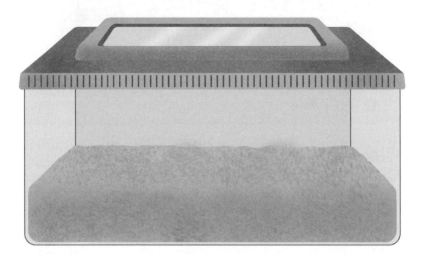

2 カブトムシに　やりたい　えさに　〇を
つけましょう。

❶ リンゴ [　　] ❷ モモ [　　] ❸ バナナ [　　]

答えは91ページ☞

町たんけん（夏）

1 夏の　町の　ようすで　見つけた　ことに
〇を　つけましょう。

見つけた ことを
話して みよう。

❶ [　　　]

❷ [　　　]

❸ [　　　]

❹ [　　　]

やさいを　とり入れよう

1 ミニトマトの　とり入れを　します。
よいものに　○を　つけましょう。

❶ みが　青い　うち
に　とる。　[　　]

❷ みが　赤く　なって
から　とる。[　　]

土を　さわったら
手を　あらおう。

❸ みが　しぜんに
おちてから　とる。
[　　]

❹ なえを　ぬいて
から　とる。[　　]

答えは91ページ☞

くふうして 作<ruby>つく</ruby>ろう

1 牛<ruby>ぎゅう</ruby>にゅうパックで　車を　作<ruby>つく</ruby>ります。くふう
する　ことを　絵<ruby>え</ruby>と　文で　かきましょう。

―― 作って　みよう！――

絵

文

_____

_____

_____

LESSON 44　みんなで　つかう　町の　しせつ

月　　日

1 すんで　いる　町で　行った　ことの　ある
しせつに　〇を　つけましょう。

❶ えき [　　　　　]

❷ 図書かん [　　　　　]

❸ 公園 [　　　　　]

❹ 公みんかん [　　　　　]

44

答えは92ページ ☞

1 秋の　町の　ようすで　見つけた　ことに
〇を　つけましょう。

① [　　　]

② [　　　]

クリ
マツタケ
カキ
ナシ

③ [　　　]

④ [　　　]

町たんけん（冬）

月　　日

1 冬の　町の　ようすで　見つけた　ことに
〇を　つけましょう。

 ほかにも
見つけて　みよう。

❶ [　　　　]

❷ [　　　　　]

❸ [　　　　]

❹ [　　　　]

答えは92ページ ☞

1 小さい　ころと　くらべて　できるように
なった　ことを　かきましょう。

2 おせわに　なった　人へ　ありがとうの
気もちを　かきましょう。

わたしの　アルバム

シール

月　日

1 生まれてから　今までの　中で　いちばん
うれしかった　ことを　絵と　文で　かきま
しょう。

うれしかった　こと

絵

文

_____

_____

_____

_____

かなづかい ①

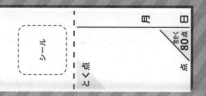

1 つぎの かなづかいの 正しい ほうを えらんで 記ごうで 答えましょう。（40点）1つ10

① {ア ほし / イ ほおし} [　]
② {ア こうてぎ / イ こおてぎ} [　]

③ {ア みかずき / イ みかづき} [　]
④ {ア おおイま / イ おうイま} [　]

2 かなづかいの まちがって いる 字に ×を つけ、右がわに 正しく 書き直しましょう。（60点）1つ20

① こ もおくと そおじを します。

② きのうが つくえ こました だ。

③ おくとおなお もうて とおくへ こ きます。

LESSON 50

かなづかい ②

1 つぎの かなづかいの ただしい ほうを えらんで、[ ]に 記ごうで 答えましょう。(40点) 一つ10

① { ア　かじ　イ　かぢ } [　]

② { ア　ちちむ　イ　ちぢむ } [　]

③ { ア　すこし　イ　すごし } [　]

④ { ア　ちゃん　イ　ちゃん } [　]

2 つぎの かなづかいの まちがっている 字に ×を つけて、右がわに 正しく 書き直しましょう。(60点) 一つ20

① ぼくは、いもうと おきて います。

② わたしが こおりに つけえ こおります。

③ えんぴつは、につの いです アイスと こおります。

ことばの つかい①

シール

とく点　点

1 ——の ことばの つかいかたが 正しい ほうを えらんで 記ごうで 答えましょう。（20点）1つ10

① いきおい よく 立ち上がる。　　[　　]

ア たちつく
イ こしかける

② さまざまな きまりが ある。　　[　　]

ア むずかしい
イ たくさんの

2 [ ]に 合う ことばを、あとから えらんで 書きましょう。（80点）1つ20

① うんどう会で [　　　　] する。

② マラソン大会に [　　　　] する。

③ 父の [　　　　] に したがう。

④ [　　　　] に せつ明する。

教え　さんか　活やく　親切

LESSON 52

はんたいの いみ ②

シール

とく点　ごうかく80点　点

月　日

1 〔 〕に あてはまる ことばを ひらがなで 書きましょう。(60点) 1つ10

1 新しい ←→ 〔 　 　 〕い

2 出る ←→ 〔 　 　 〕る

3 ひらく ←→ 〔 　 　 〕る

4 すむ ←→ 〔 　 　 〕る

5 買う ←→ 〔 　 　 〕る

6 のびる ←→ 〔 　 　 〕む

> おぼえた ことばは いくつ あるかな。

2 つぎの ──の ことばと はんたいの いみの ことばを、下から えらんで 〔 〕に 書きましょう。(40点) 1つ20

1 おかねを はらう。 ←→ おかねを 〔 　 　 〕。

2 ゆびを まげる。 ←→ ゆびを 〔 　 　 〕。

かりる	はらう	ける	のばす

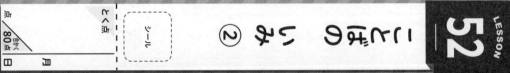

かん字の 読み書き ①

1 つぎの かん字の 読みかたを 書きましょう。
(50点) 1つ10

① 親 切 [　　　　　　　　]

② 国 語 [　　　　　　　　]

③ 会 話 [　　　　　　　　]

④ 算 数 [　　　　　　　　]

⑤ 毎 日 [　　　　　　　　]

2 つぎの □に かん字を 書きましょう。(50点) 1つ10

① あめ・くもり・ゆき
□ ・ □ ・ □

② うみ・いけ
□ ・ □

かん字の読み書き ②

月　日　とく点　／70点　ごうかく点 70点

---

2 つぎの ──の かん字の 読みかたを 書きま しょう。　40点（1つ10）

① 新しい ノートを 買う。
　[　　　]　[　　　]

② 楽しい お話を 聞く。
　[　　　]　[　　　]

---

1 つぎの □に かん字を 書きましょう。　60点（1つ15）

① 〔　がっこう　〕へ 行く。

② 〔　はな　〕が 上がる。

③ 〔　ひだりて　〕で にもつを もつ。

④ 〔　てんき　〕は 晴れだ。

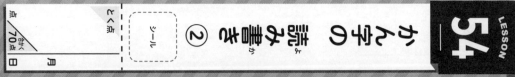

点(、)と 丸(。)

シール

月　日

ごうかく80点

とく点　　点

1 絵を 見て、つぎの 文に 点(、)を つけましょう。(40点)1つ20

① この店でおもちゃを買う。

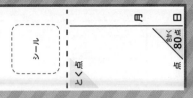

② ぼくはこうちょうせんせいだ。

2 つぎの 文に 点(、)と 丸(。)を 1つずつ つけましょう。(60点)1つ20

① あすは 晴れるでしょう

② ちゅう食を 食べました

③ 公園へ あそびに 行きました

シール

月　日

とく点　　/70点　ごうかく

1 つぎの 文に かぎ(「 」)を つけましょう。(一つ60点)
　30

① 兄は、いってきますと 言って 出かけました。

② おじさんが、どこへ いくのと 言って やってきました。

人の言ったことばに、「 」をつけてね。

2 つぎの 文に かぎ(「 」)を つけて、正しく 書きましょう。(40点)

おかあさんが、買いものに 行って くると 言って 出かけました。

LESSON 57

ことばの つかい ③

月　日

シール

とく点

合かく 80点

点

1 つぎの [ ]の 中に 合う ことばを、あとか ら えらんで 書きましょう。(1つ 20点)(100点)

① 先月から 雨が [　　　　] ふらない。

② 自分の 考えを [　　　　]と つたえる。

③ 木を [　　　　]と 引きずって はこぶ。

④ [　　　　] 雨が ふり出した。

⑤ 音を たてないように [　　　　]と 歩く。

> ぜんぜん　するする　とつぜん
> そろそろ　はっきり

LESSON 58

ことばの いみ ④

月　日
とく点
シール
合かく80点　点

---

1 つぎの ──の ことばが 文に 合うように、書き直しましょう。（40点）1つ20点

① 明かりを <u>けす</u>。つく。 → [　　　　　　]

② スープを <u>ひえる</u>。 → [　　　　　　]

---

2 つぎの [ ]に 合う ことばを、あとから えらんで 書きましょう。（60点）1つ10点

① はちに さされる。 → [　　　　]

② ピアノを ひく。 → [　　　　]

③ 公園で あそぶ。 → [　　　　]

④ ガムを かむ。 → [　　　　]

⑤ 家へ 帰る。 → [　　　　]

⑥ ラジオを きく。 → [　　　　]

なる　おる　とぶ　ひく　かむ　帰る　きく

1 つぎの かん字の ひつじゅんとして 正しい ほうを えらんで 記ごうで 答えましょう。

(100点) 1 つ 20

① 左 { ア 一 ナ ナ ナ 左 左 [　　]
　　　イ ノ ナ ナ ナ 左 左

② 右 { ア 一 ナ ナ 右 右 [　　]
　　　イ ノ ナ ナ 右 右

③ 方 { ア ˋ ㇗ ナ 方 [　　]
　　　イ ˋ ㇗ う 方

④ 戸 { ア 一 ㇋ ㇋ 戸 [　　]
　　　イ 一 ㇏ 戸 戸

⑤ 書 { ア ㇕ キ 聿 書 書 [　　]
　　　イ ㇕ 亖 聿 書 書

2 つぎの数字(すうじ)のかん字は何画(なんがく)で書きますか。［　］に書きましょう。（60点）1つ10

① 線　［　　　　］
② 弟　［　　　　］
③ 黄　［　　　　］
④ 色　［　　　　］
⑤ 週　［　　　　］
⑥ 楽　［　　　　］

1 つぎのかん字とあの同(おな)じ画数(かくすう)のかん字を、あからえらんで書きましょう。（40点）1つ10

① 市　［　　　　］
② 考　［　　　　］
③ 近　［　　　　］
④ 歩　［　　　　］

毎　直　合　声

60

文を 作る ①

1 つぎの 文の 主語と 述語を 書きましょう。

(100点) 1つ 10

1 ぼくは 学校へ 行く。

主語 [　　　　　]　　述語 [　　　　　　　　　　]

2 鳥が 空を とぶ。

主語 [　　　　　]　　述語 [　　　　　　　　　　]

3 妹は 家に います。

主語 [　　　　　]　　述語 [　　　　　　　　　　]

4 星が とても きれいです。

主語 [　　　　　]　　述語 [　　　　　　　　　　]

5 風が はげしく ふく。

主語 [　　　　　]　　述語 [　　　　　　　　　　]

LESSON
62

文を作る②

シール

とく点
／60点
ごうかく

月　日

1 つぎの [ ] に □に 番ごうを 入れて、お話が つづくように ならべましょう。

100点(1つ20点)

[ ] ブランコや すべり台の ペンキぬりを したり、かだんの 草むしりも、やりました。

[ ] おひるに、おとうさんと、公園(こうえん)に 行きました。

[ ] なんだか つかれたけど、それでも、よかったなと 思(おも)いました。

[ ] みんなで 力(ちから)を 合(あ)わせて、そうじを おわりました。聞(き)いてみて、「一時(いちじ)」。

[ ] そうじは、いえの中から はじめます。

ものがたりを 読む①

1 つぎの 文しょうを 読んで 答えましょう。(100点)1つ50

> たくやは、赤い えのぐを たっぷりと つけた ふでを、かなちゃんの きいろの チューリップに、とんとんと おいて いきました。
>
> 赤い 花です。ぱっと さかせました。
>
> 「きれい……」
>
> あさみちゃんは まねを して 赤い えのぐを ふでに ふくませて……。しゅうくんの チューリップに かいた はっぱの もようの 上の ほうに、とんとんと おきました。
>
> はっぱの ついた 赤い 花です。
>
> (宮川ひろ「きょうは いい日だね」)

(1) あさみちゃんは だれの まねを しましたか。

[　　　　　]

(2) はっぱの ついた 赤い 花は、だれの チューリップに さきましたか。

[　　　　　]

LESSON 64

② ものがたりを読む

シール

月　日　名前

とく点

合かく75点　　点

---

1 つぎの 文しょうを 読んで 答えましょう。

> 竹やぶの 雪が すっかり おちて、竹が 頭を 出しました。（中略）
> ①「おや。」と、竹の 雪を みんな おとして やりました。
> 「これで いい。」と、雪おろしは 言いました。そして 竹を 見上げます。
> ②わたしも、早く 雪を おろして みたいな。」と 言いました。
> 「これで いいな。」と、雪おろしは、竹の 下に ねころんで しまいました。

（1）──①が ありますが、だれが したことですか。（75点一つ25点）

竹やぶの [　　　　　] の そばで、[　　　　　] が

[　　　　　] を みんな おとして いますが、

[　　　　　] が。

（2）──②は、だれが 言った ことばですか。（25点）

[　　　　　　　　　　　　　　　　　]

せつ明文を 読む ①

1 つぎの 文しょうを 読んで 答えましょう。

> 小麦こから 作る、ホットケーキの 作りかたを 知って いますか。ホットケーキの もとに なる こなから 作る 作りかたも ありますが、小麦こから 作る 作りかたも あります。
>
> ① たまごと さとうを 合わせて あわ立てます。
>
> ② ぎゅうにゅうを くわえます。
>
> ③ 小麦こと ふくらしこを ふるいに入れて まぜます。

(1) この 文しょうは 何に ついて 書いて いますか。(25点)

[　　　　　　　　　　　] に ついて。

(2) ① 〜 ③ に あてはまる ことばを つぎ から えらんで 記ごうで 答えましょう。(75点) 一つ25

ア まぜて　イ ます　ウ つぎに

① [　　]　② [　　]　③ [　　]

LESSON
66
② せつ明文を読む

1 つぎの文しょうを読んで、答えましょう。

にほんには、たんじょう日に、プレゼントをもらうしゅうかんがあります。プレゼントは、たいせつな人におくるものです。おくりものには、たいせつなおもいがこめられています。その人のことをたいせつにおもうきもちを、プレゼントにこめておくります。だから、プレゼントは、もらった人が、とてもうれしいきもちになるものなのです。

（夏目　漱石「こころ」より）

(1) なぜ、プレゼントは、何をつたえるものですか。〔25〕〔50点〕

〔　　　　　　〕を〔　　　　　〕につたえる。

(2) プレゼントをもらった人は、どんなきもちになりますか。つぎからえらんで、記ごうで答えましょう。〔50点〕

〔　　　〕

ア　たいせつなこと
イ　うれしいきもち
ウ　おはなしすること

シール

とく点　75点　月　日

おくりがな ①

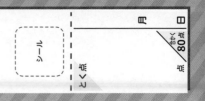

1 つぎの ことばを かん字と ひらがなで 書く ときが 正しい ほうを えらんで 記ごうで 答えましょう。(20点) 1つ10

❶ はこる {
ア くる
イ くこる
}　[　　　]

❷ うまれる {
ア 生る
イ 生まれる
}　[　　　]

2 つぎの ── の ことばを、かん字と ひらがなに 直して 書きましょう。(80点) 1つ20

❶ 山を <u>おりる</u>。　[　　　　　　　　]

❷ スピードを <u>あげる</u>。　[　　　　　　　　]

❸ バスが <u>とまる</u>。　[　　　　　　　　]

❹ 円こうを <u>おこなう</u>。　[　　　　　　　　]

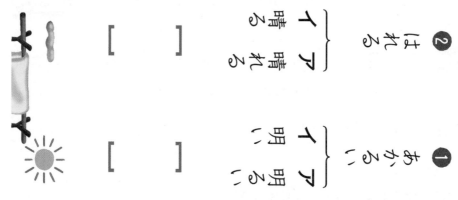

LESSON
68

おくりがな ②

シール

とく点

かく /80点
点

月 日

---

1 つぎの □にあてはまる かん字と おくりがなを 記ごうで 答えましょう。 (20点) 1つ10

① あかるい ｛ ア 明るい ／ イ 明い ｝ [　　]

② はれる ｛ ア 晴れる ／ イ 晴る ｝ [　　]

---

2 つぎの □にあてはまる かん字と おくりがなを 書きましょう。 (80点) 1つ20

① ｛ すこし [　　　　] ／ なおす [　　　　] ｝

② ｛ おそわる [　　　　] ／ おしえる [　　　　] ｝

> おくりがなは 同じに ならないように ちゅういしてね

68

LESSON 69

かん字の 読み書き ③

シール

月　日

とく点

合かく 80点

点

1 つぎの —— の ことばを、かん字で 書きましょう。(100点) 一つ 10

1
- ひろい くや。 [　　　]
- おみせで 買う。 [　　　]

2
- 空が はれる。 [　　　]
- 月よう日の 朝。 [　　　]

3
- えを かく。 [　　　]
- 手がみを 書く。 [　　　]

4
- 学校へ かよう。 [　　　]
- きんじょの 公園。 [　　　]

5
- 教しつに 入る。 [　　　]
- こえを だす。 [　　　]

算数 | 生活 | 国語 | 答え

69

答えは95ページ

LESSON
70

かん字の読み書き ④

シール

月　日

とく点　　/80点
ごうかく80点

---

1 つぎの ——の かん字の 読みかたを 書きましょう。 10こ1(40点)

① 大人と 子ども。　[　　　　　]

② 妹は 歌が 上手だ。　[　　　　　]

③ 一人で るすばんする。　[　　　　　]

④ 二人は 友だち。　[　　　　　]

2 つぎの ——の ことばの 読みかたを 書きましょう。 15こ1(60点)

① お父さん　[　　　　　]

② お母さん　[　　　　　]

③ お兄さん　[　　　　　]

④ お姉さん　[　　　　　]

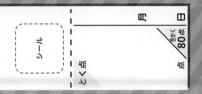

こそあどことば

月　日

シール

とく点　点　/80点

1 つぎの コップを、近くに ある じゅんに 番ごうを 書きましょう。(20点)

[　] あの コップ

[　] この コップ

[　] その コップ

2 つぎの [ ]に 合う ことばを、あとから えらんで 書きましょう。(80点)1つ20

❶ [　] 赤い 花が さいてす。

❷ わたしたちは [　] に きよ年も 来ました。

❸ [　] は、父の かばんです。

❹ 遠足は [　] へ 行くのですか。

ここ　どこ　それ　あの

LESSON 72 つなぎことば

とく点　／80点　合かく80点　　月　日

つぎの [ ] に あう ことばを、あとから えらんで かきましょう。（100点）1つ20

① べんきょうは むずかしい。[　　] よく 書（か）きました。

② ぼくは ケーキが すきだ。[　　] たべものが きらいだ。

③ 今日（きょう）は 雨（あめ）だ。[　　] さんぽに 行（い）く。

④ 花（はな）は きれいだ。[　　] すぐに かれて しまう。

⑤ とうじょうが すきだ。[　　] 犬（いぬ）を かっている。

```
だから　　から　　けれども　　とても　　たとえ
```

72

かん字の 読み書き ⑤

1 つぎの かん字と はんたいの いみの かん字を、[ ]に 書きましょう。(60点)1つ10

① 外 ⟷ [　　　　]　② 男 ⟷ [　　　　]

③ 左 ⟷ [　　　　]　④ 南 ⟷ [　　　　]

⑤ 遠 ⟷ [　　　　]　⑥ 弱 ⟷ [　　　　]

2 つぎの 〔れい〕のように、はんたいの いみの ことばを かん字と ひらがなで 書きましょう。
(40点)1つ10

〔れい〕 あがる(上がる) ⟷ さがる(下がる)

① ふるい ⟷ あたらしい

[　　　　　　] ⟷ [　　　　　　　]

② ふとい ⟷ ほそい

[　　　　　　] ⟷ [　　　　　　　]

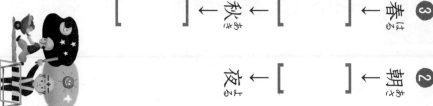

LESSON 74

かん字の読み書き ⑥

1 あとの □ の中のかん字は、①〜③のなかまに分けて、かん字ではこう書きましょう。(50点) 1つ5

① 色い　[　] [　] [　]

② 家ぞく へ　[　] [　] [　]

③ 体が　[　] [　] [　]

ねこ	あち
くろ	へや
あし	あお
おはか	とおい
みな	

2 つぎの [ ] に合うかん字を書きましょう。(50点) 1つ10

① 一 ← 十 ← [　] ← 十 ← [　]

② 朝 → [　] → 夜

③ 春 → [　] → 秋 → [　]

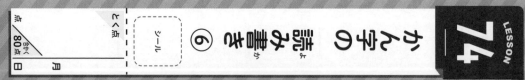

1 つぎの ものの 音*や どうぶつの 鳴*き声*を、かたかなで 書きましょう。(60点) 一つ 10

① わんわん　[　　　　　　　]

② にゃあにゃあ　[　　　　　　]

③ ぴよぴよ　[　　　　　　]

④ があん　[　　　　　　]

⑤ ぽちゃん　[　　　　　　]

⑥ ぴしゃぴしゃ　[　　　　　　]

2 あとの ☐ の 中から、かたかなで 書く ことばを 四つ えらんで、かたかなで 書きましょう。(40点) 一つ 10

[　　　　　]　[　　　　　]

[　　　　　]　[　　　　　]

> ひらひら　ぴょぴょ　がたんと　とことこ
> がちゃん　ちこちこ　せなえ　けろけろ

かたかな の ことば②

シール

とく点

月　日
ごうかく
80点
とく点
/100点

1 つぎの ●～❸の ことばは かたかなで 書く ことばです。□の ひらがなを かたかなに なおして 書きましょう。(100点)[一つ10]

❶ 外国から 日本へ きた 人。

[　　　]　[　　　]

❷ 外国の 国や 町の 名前。

[　　　]　[　　　]

❸ 外国の 人の 名前。

[　　　]　[　　　]

すいえいせんしゅ
ほてる
はんばあぐ
えじそん
えどそん
しかご
ぱりす
ろんどん
ちゃんぴおん

LESSON 77　し を 読む

1　つぎの しを 読んで 答えましょう。

まだ あした

「きょう」に おわかれする とき

ぼくは みんなに

ひかりと かげを おくります

みて ごらん

ひかる みんなの あしもとから

ながい ながい かげが のび

「あした」と あくしゅを して いるよ

（「あした」の ほうから きて くださいね）

(1) ──は だれの ことですか。記ごうで 答えましょう。(20点)　[　　]

ア 朝日（あさひ）　イ 夕日（ゆうひ）

(2) 「あした」と あくしゅを して いる ものは 何（なん）ですか。[　]に ことばを 書きましょう。(40点 一つ)

みんなの [　　　　　　　]から のびる、

ながい ながい [　　　　　　　]。

月　日

シール

とく点

ごうかく80点

点

① つぎの 手紙を 読んで、答えましょう。

100点で20

魚が　海を
来ます。　魚は　海へ　よく
来て、　海の　なかを　通って
来ます。　どこにも　いなく
なると、　おじさんに
よいと　思います。　とても
海の　なかに　魚が　いるのが
見えます。　おどりあげるのを
見たよ。
前田より

(1) だれに あてて、だれから きた
手紙ですか。
[　　　　　] に、[　　　　　] から
きた 手紙です。

(2) 海の なかが どう なって
いるか、書きましょう。
[　　　　　　　　　　　] こと。

(3) 前田くんが ねがって
いるのは、どんな こと
ですか。
[　　　　　　　　　　　　]

78

ことばの きまり ①

1 ふたつの ことばの ことばを 合わせて、一つの ことばに しましょう。(80点) 一つ20

〔れい〕 書く + 直す （書き直す）

❶ なく + さけぶ　[　　　　　　　　　]

❷ つむ + かさねる　[　　　　　　　　　]

❸ 歩く + 回る　[　　　　　　　　　]

❹ もつ + 上げる　[　　　　　　　　　]

2 つぎの ことばは、二つの ことばが 合わさって できて います。二つに 分けて 書きましょう。(20点) 一つ10

〔れい〕 朝ごはん （朝＋ごはん）

❶ 赤とんぼ　[　　　　＋　　　　　]

❷ 夏休み　[　　　　＋　　　　　]

1

つぎの〔　〕に、あう ことばを うしろの □から えらんで 書(か)きましょう。数(かず)を かぞえた ことばに なります。

100点(1つ10)

1　本を 一〔　　〕かりる。

2　子犬が 二〔　　〕生まれた。

3　えんぴつが 三〔　　〕ある。

4　ぼくの 家が 四〔　　〕です。

5　色(いろ)紙(がみ)を 五〔　　〕くばる。

6　鳥(とり)が 六〔　　〕とんでいる。

7　くつが 七〔　　〕あってている。

8　車(くるま)が 八〔　　〕走(はし)っている。

9　馬(うま)が 九〔　　〕たちならぶ。

10　家(いえ)が 十〔　　〕たちならぶ。

```
けん          さつ
本(ほん)      台(だい)
足(そく)      羽(わ)
頭(とう)人    にん
まい
ひき
```

80

ものがたりを 読む③

1 つぎの 文しょうを 読んで 答えましょう。

　今日は ずっと 楽しみに して きた 運動会の 日です。けんたくんは 前の 日の 夜は ごきんきんと ねむれませんでした。

　けんたくんは つなひきと リレーの しゅもくに 出場する よていです。

　「リレーは アンカーで 走るんだよ。ぜったいに 一位に なりたいんだ。」

　けんたくんは お母さんに 言いました。そして この 日の ために 毎日 れんしゅうを がんばりました。

(1) けんたくんが 前の 日の 夜に ねむれなかったのは どうしてですか。(40点)

[　　　　　　　　　　　]

(2) けんたくんは どうして 毎日 れんしゅうを がんばったのですか。(60点)

[　　　　　　　　　　　]

ものがたりを　読む　④

シール

月　日	とく点
	ごうかく75点
	点

1 つぎの　文しょうを　読んで、答えましょう。

　おさるの　たいちは、ひろい　はらっぱで　おべんとうを　たべて　いました。

　きゅうに、

「プリン、プリン、プリン。」

と、おいしそうな　においが　しました。

　たいちは、目を　まん丸に　しました。

「プリンだ。ぼくの　だいすきな　プリンだ。」

　たいちは、においの　する　ほうへ、とんで　いきました。

　——（に）「プリン」と　きこえた　のは、すなはまに　あった　ヒトデが　カニを　さして　いた　音でした。

（へんしゅうぶ「たのしい　こくご　二」より）

(1) おさるの　たいちは、どんな　においが　しましたか。

「[　　　　　　　　　　]」

から、どんな　音が　きこえて　きましたか。

「[　　　　　　　　　　]」

(50点)(1つ25)

(2) ①　「わたし」は　何の　音を　きいて、おどろいたと　思いますか。

[　　　　　　　　　　]

ました。

(50点)

月　日

シール

とく点　点／80点合かく

1 つぎの 文しょうを 読んで 答えましょう。(100点)１つ20

　車に とって、ライトは 大切な はたらきを します。はたらきの 中には、くらい 道を 明るく てらす もの、つぎの うごきを しめす もの、いろいろな 合図を する ものが あります。
　ライトの はたらきを 見のがすと、あんぜんな うんてんが できません。すると、じこが おきて しまいます。

(1) 車の ライトの はたらきには どのような ものが ありますか。三つ 答えましょう。

[　　　　　　] [　　　　　　]

[　　　　　　]

(2) ライトの はたらきを 見のがすと どう なるのですか。[ ]に 合う ことばを 書きましょう。

[　　　　　]な うんてんが できなくなっ
て [　　　　] が おきて しまう。

LESSON 84

せつ明文を読む ④

シール

1 つぎの文しょうを読んで、答えましょう。

いろいろ器官を持っていないとすれば、落ちても命をつないでいけるように、ホウセンカやタンポポのような植物は、芽を出し、根をはるままに、ホウセンカやタンポポのような植物は、種を作って子孫を残します。タンポポは綿毛を付けて種を飛ばしたり、フタバガキ科が落ちるとくるくる回って、種は森の中を新たにしています。

（大塚菜美（おおつかなみ）「銀行は森の中」より）

(1) （60点 一つ30）
フタバガキ科の植物は種や子孫を残すために、どのようにしているのですか。
タンポポは綿毛を [　　　　] のように [　　　　] を [　　　　]、
フタバガキは飛ばしています。

(2) （40点 一つ20）
「新しい器官を生み出す」とは、どのようにして生み出すのですか。
[　　　　] のように生み出すのですか。
[　　　　] をはるして、[　　　　] を出し、[　　　　] をくみ。

算数

① ひょうと グラフ ① 　　1ページ

1 (1)

どうぶつ	きりん	パンダ	ねこ	うさぎ
数(かず)	5	7	4	4

(2)

	○		
	○		
○	○		
○	○	○	○
○	○	○	○
○	○	○	○
○	○	○	○
きりん	パンダ	ねこ	うさぎ

アドバイス 記録をもとに表をつくるときは，落ちや重なりがないように，数えるときに印をつけるなどくふうさせましょう。

② ひょうと グラフ ② 　　2ページ

1 (1)みきさん　(2)3回(かい)

(3)

名まえ	ひろき	みき	りょう	さやか
回数(かいすう)	7	8	4	6

アドバイス グラフに表すと回数の多い少ないがわかりやすくなり，表に表すとそれぞれの回数がわかりやすくなることに気づかせましょう。

③ たし算の ひっ算 ① 　　3ページ

1

❶
```
   14
 + 35
   49
```
❷
```
   32
 + 24
   56
```
❸
```
   51
 + 36
   87
```

❹
```
   28
 + 40
   68
```
❺
```
   72
 +  6
   78
```
❻
```
    2
 + 34
   36
```

2 24+75=99　　　　99円

アドバイス 筆算で計算をするときは，位を縦にそろえて書き，一の位から順に計算させましょう。

④ たし算の ひっ算 ② 　　4ページ

1

❶
```
   45
 + 27
   72
```
❷
```
   32
 + 49
   81
```
❸
```
   28
 + 28
   56
```

❹
```
   51
 + 19
   70
```
❺
```
    4
 + 38
   42
```
❻
```
   53
 +  7
   60
```

2 18+22=40　　　　40さつ

⑤ ひき算の ひっ算 ① 　　5ページ

1

❶
```
   97
 - 33
   64
```
❷
```
   78
 - 14
   64
```
❸
```
   63
 - 13
   50
```

❹
```
   78
 - 25
   53
```
❺
```
   89
 -  8
   81
```
❻
```
   42
 - 40
    2
```

2 54-11=43　　　　43まい

⑥ ひき算の　ひっ算 ②　　6ページ

1

① 　32
　−18
　　14

② 　44
　−28
　　16

③ 　72
　−35
　　37

④ 　41
　−39
　　 2

⑤ 　60
　−13
　　47

⑥ 　72
　− 9
　　63

アドバイス まず一の位を見て，そのままではひけないときは，十の位から1くり下げて計算させましょう。

2 50−29=21　　　　21円

⑦ 1000までの　数 ①　　7ページ

1　①328　②540
　　③900　④103

アドバイス 位に何もないときは0を書きます。書き忘れに注意しましょう。

2 (1)628　(2)100，10

3 240

アドバイス 10を単位としていくつ分かを考えます。うまく理解できないときは，10円玉を使って考えさせるとよいでしょう。

⑧ 1000までの　数 ②　　8ページ

1 800

2 900，904

3 ①600　②300　③730
　　④600　⑤208　⑥900

アドバイス ①，②の計算は，100を1つのかたまりとして考えることが大切です。
③〜⑥の計算は，何百といくつと見て計算することを理解させましょう。

⑨ たし算の　ひっ算 ③　　9ページ

1

① 　47
　+85
　132

② 　55
　+79
　134

③ 　67
　+68
　135

④ 　98
　+ 8
　106

⑤ 　 6
　+99
　105

⑥ 　99
　+97
　196

2 67+77=144　　　144人

アドバイス くり上がりが2回ある筆算では，くり上がりを忘れるまちがいが目立ちます。くり上がった1を，十の位の上に小さく書くなどのくふうをすることが大切です。

⑩ たし算の　ひっ算 ④　　10ページ

1

① 　325
　+ 　4
　　329

② 　673
　+ 　5
　　678

③ 　　 6
　+178
　　184

④ 　　 7
　+805
　　812

⑤ 　457
　+ 16
　　473

⑥ 　234
　+ 58
　　292

2 125+48=173　　　173こ

⑪ ひき算の　ひっ算 ③　　11ページ

1

① 　127
　− 45
　　82

② 　134
　− 60
　　74

③ 　163
　− 91
　　72

④ 　123
　− 57
　　66

⑤ 　117
　− 39
　　78

⑥ 　101
　− 25
　　76

アドバイス くり下がりが2回あると，答えもまちがえやすくなります。
⑥のように，ひかれる数の十の位が0になっているひき算は，百の位から十の位，一の位へと順にくり下がるので注意させます。

2 100−49=51　　　51円

86

⑫ ひき算の ひっ算 ④　12ページ

1
❶
```
   274
 −  36
   238
```
❷
```
   581
 −  64
   517
```
❸
```
   867
 −  29
   838
```
❹
```
   908
 −   8
   900
```
❺
```
   461
 −   5
   456
```
❻
```
   793
 −  84
   709
```

2 281−64＝217　217まい

⑬ 数の 大小　13ページ

1
❶ ＜　❷ ＞　❸ ＞
❹ ＞　❺ ＝　❻ ＜

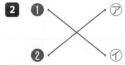アドバイス 数の大きさを比べるときは，大きい位から順に比べます。くり返し練習させましょう。

2 あめ

⑭ 計算の じゅんじょ　14ページ

1 ❶26　❷49　❸49　❹57

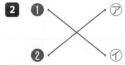アドバイス かっこはひとまとまりの数を表し，先に計算することを確かめさせましょう。

2
❶ ────→ ㋑
❷ ────→ ㋐

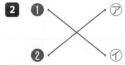アドバイス かっこを使った式の場合，かっこは何をまとめているのかを，問題場面にもどって確かめさせましょう。

⑮ 長さ　15ページ

1 ❶24　❷7

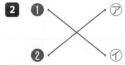アドバイス　2cm4mmは2cmが20mmだから，20mmと4mmで24mmになるというように順序立てた説明をさせるようにしましょう。

2 ❶37cm　❷25cm
❸6cm7mm
❹4cm8mm

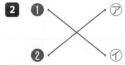アドバイス 長さの計算は，cmどうし，mmどうしと，同じ単位どうしで計算することを伝え，くり返し練習させましょう。

3 ❶cm　❷mm

⑯ 水の かさ　16ページ

1 1L4dL

2 ❶10　❷25　❸5
❹1，7　❺1000　❻100

3 ❶7L　❷5L7dL　❸4dL
❹1L3dL

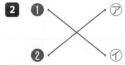アドバイス 同じ単位の数どうしを計算すればよいことを理解させましょう。

⑰ 時こくと 時間 ①　17ページ

1 ❶7時3分　❷7時50分
❸47分

2 ❶3時32分　❷8時45分

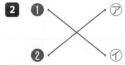アドバイス 1時間が60分であることを，時計を使って確かめさせましょう。

⑱ 時こくと 時間 ②　18ページ

1 ❶24　❷60　❸1，20

2 ❶午前8時10分
❷午後2時40分

3 5時間

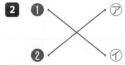アドバイス 自分の1日の生活を「午前」「午後」を使って説明できるようにさせましょう。

⑲ 三角形と　四角形 ①　　19ページ

1　三角形…か，く
　　　四角形…え，き

アドバイス　三角形，四角形の区別は，定義に基づいて判断させることが大切です。三角形であれば，「3本の」「直線で」「かこまれた」という3つの要素をすべて満たすことが必要で，1つでも違っていたら，三角形とはいえません。三角形や四角形ではないと判断した理由を，定義をもとに言わせるとよいでしょう。

2　（れい）

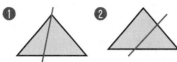

アドバイス　2つの三角形をつくる場合は，1つの頂点から辺に向かって直線をひきます。三角形と四角形に分ける場合は，辺上の点から他の辺上の点に直線をひきます。このような，**図形の分解や合成の学習**は，図形に対する感覚を豊かにするうえで大切なことです。

⑳ 三角形と　四角形 ②　　20ページ

1　❶あ　❷い　❸え

アドバイス　長方形，正方形ともに四角形の向きは関係ないことを知らせましょう。

2　(1)4，直角，へん　　(2)直角

㉑ かけ算の　しき　　21ページ

1　(1)×　(2)2　(3)かける
　　　(4)かけ算

2　2，3，6

アドバイス　かけ算の式は，かけられる数とかける数が逆にならないように，1つ分の数といくつ分を意識して式を立てることをしっかりと理解させましょう。

㉒ 5のだんの　九九　　22ページ

1　❶20　❷35　❸45　❹10
　　　❺25　❻30　❼40　❽5
　　　❾15

2　5×4＝20　　　　　　　20こ

アドバイス　式を立てるとき，ブロックなどを使って「1つ分の数」「いくつ分」をとらえさせるようにしましょう。

㉓ 2のだんの　九九　　23ページ

1　❶12　❷16　❸18　❹6
　　　❺4　❻10　❼14　❽8
　　　❾2

アドバイス　2の段の九九は，答えが2ずつ増えていくことに気づかせましょう。

2　2×7＝14　　　　　　　14こ

㉔ 3のだんの　九九　　24ページ

1　❶18　❷6　❸3　❹9
　　　❺24　❻27　❼21　❽15
　　　❾12

アドバイス　3×7，3×9がまちがいやすいので注意させましょう。

2　3×5＝15　　　　　　　15本

㉕ 4のだんの　九九　　25ページ

1　❶24　❷20　❸36　❹4
　　　❺8　❻32　❼28　❽16
　　　❾12

2 $4 \times 7 = 28$ 28人

アドバイス 問題文をよく読み，「1つ分の数」「いくつ分」に気をつけて考えさせましょう。

㉖ 6のだんの 九九   26ページ

1 ❶24 ❷30 ❸36 ❹54
   ❺56 ❻48 ❼12 ❽18
   ❾42

2 $6 \times 6 = 36$ 36

アドバイス 1列に6こずつ並んでいます。列を○でかこませると，それが6列あることがわかりやすくなり，式も立てやすくなるでしょう。

㉗ 7のだんの 九九   27ページ

1 ❶7 ❷35 ❸56 ❹14
   ❺21 ❻63 ❼49 ❽42
   ❾28

2 $7 \times 3 = 21$ 21日間

アドバイス 7の段の九九は，覚えにくい段のひとつです。くり返し練習して，しっかりと定着させましょう。

㉘ 8のだんの 九九   28ページ

1 ❶72 ❷32 ❸16 ❹40
   ❺58 ❻24 ❼64 ❽56
   ❾48

2 $8 \times 7 = 56$ 56こ

アドバイス 問題には，「7はこ」が先に出てきますが，1はこあたり8こ入っていることから，かけ算の式に表すときは，1はこあたりの数から先に書き，8×7 となることをしっかりと確かめさせておきましょう。

㉙ 9のだんの 九九   29ページ

1 ❶63 ❷9 ❸18 ❹45
   ❺27 ❻81 ❼54 ❽72
   ❾36

2 (1)(左から)27，54
   (2)(れい)1ずつ 小さく なっ
     て いる。

アドバイス 9の段の答えは，順番に並べると，いろいろなきまりが発見できます。一の位を見る，十の位を見る，一の位と十の位の数字をたしてみるなど，いろいろな見方をさせ，関数的な考えの素地となる経験もさせるとよいでしょう。

㉚ 1のだんの 九九   30ページ

1 ❶5 ❷4 ❸1 ❹7 ❺8
   ❻2 ❼3 ❽9 ❾6

2 ❶$8 \times \boxed{1}$, $\boxed{4} \times \boxed{2}$, $\boxed{2} \times \boxed{4}$の
   うち どれか 2つ
   ❷$6 \times \boxed{1}$, $\boxed{3} \times \boxed{2}$, $\boxed{2} \times \boxed{3}$の
   うち どれか 2つ

アドバイス 答えが同じになる九九を見つける学習も取り入れると，かけ算の理解を深めることができます。

㉛ かけ算 ①   31ページ

1 ❶18 ❷5 ❸18 ❹28
   ❺8 ❻6 ❼25 ❽14

2 8

3 $\boxed{2} \times \boxed{8}$, $\boxed{4} \times \boxed{4}$, $\boxed{8} \times \boxed{2}$

アドバイス かけ算九九の定着は，それぞれの段を順に唱えさせて覚えさせることはもちろんですが，答えから九九を唱えさせた

り(逆九九)，□×3 になる九九だけ唱えさせたり，任意に問題を出したりと，いろいろな方法で進めましょう。

㉜ かけ算 ② 　　　32ページ

1 　2

アドバイス かけ算九九はかける数が1増えるごとに，かけられる数だけ増えていくというきまりを式で表したもので，とても大切な考え方です。

2 　③×⑧，④×⑥，⑥×④，⑧×③の うち どれか 3つ

3 　❶48 　❷27 　❸56 　❹35
　　　❺40 　❻39 　❼66 　❽96

アドバイス ❺～❽の計算も，かける数が1増えるごとに，かけられる数だけ増えていくというきまりを使って考えさせましょう。

㉝ 分数 　　　33ページ

1 　(1)3 　(2)4，1

2 　❶$\frac{1}{2}$ 　❷$\frac{1}{4}$ 　❸$\frac{1}{3}$

3 　(れい)

㉞ 10000までの 数 　　　34ページ

1 　(1)37 こ 　(2)370 こ

アドバイス 10こ集まるごとに位が1つずつ上がるという数のしくみ(表し方)を十進位取り記数法といいます。100や10などを単位とした見方ができるように，十進位取り記数法を理解させましょう。

2 　(1)10000 　(2)9997

3 　(左から)4，2，3，1

アドバイス 数の大小比較は，上の位から比べ，同じ数のときは次の位で比べることを伝え，くり返し練習させましょう。

㉟ 100 cm を こえる 長さ 　　　35ページ

1 　❶600 　❷830
　　　❸7，94 　❹5，2

2 　❶8 m 40 cm 　❷4 m 70 cm
　　　❸2 m 30 cm 　❹4 m 5 cm
　　　❺1 m 20 cm 　❻9 m

アドバイス m どうし，cm どうしと，同じ単位どうしで計算することを理解させましょう。

㊱ はこの 形 　　　36ページ

1 　あちょう点 　い面 　うへん

アドバイス 箱の形では，頂点は3つの辺が集まっているところになることに気づかせましょう。

2 　(1)3 こ
　　　(2)(上から)1本，2本，2本

アドバイス 頂点は全部で8つ，辺の数は12本で，同じ長さの辺が4本ずつ3組あることを理解させましょう。

生活

▶指導されるかたがたへ──生活科は，子どもたちの活動や体験をなによりも重視しています。地域や学校によって活動や経験が違うことがあり，この「生活」では配点を示していません。そのため，解答編は指導されるかたがた向けのものとしました。ご指導に役立つように「アドバイス」をつけましたので，ご参照ください。子どもの活動が多種多様であればあるほど，さまざまな答えが考えられます。個々の実態に合わせてご指導していただきますようお願いします。また，はじめは体験したことがなかったものでも，のちに経験することがたくさんあります。ときにはページを戻って，再度たずねてみてください。子どもの成長が感じられることと思います。

㊲ 町たんけん（春）　37ページ

1 （省略）

🔰アドバイス ○をつけたようすについて，くわしく聞いてあげてください。これ以外にも，春の町のようすで見つけたことをたずね，説明できれば，ほめてあげましょう。

㊳ やさいを そだてよう　38ページ

1 （省略）

🔰アドバイス ○をつけた野菜について，育て方や育てたときの苦労を聞いてあげましょう。植物の成長のようすを体験を通して理解することが大切です。もう一度育ててみたい野菜があれば，次はどのような工夫をしたいか聞いてみましょう。

㊴ 生きものを さがそう　39ページ

1 （省略）

🔰アドバイス 何を見つけたかによって，子どもの興味や関心がどこにあるかを知ることができます。その生きものを，どこで見つけたのか，どのようなようすだったのかをくわしく聞いてあげましょう。

㊵ 生きものと 友だち　40ページ

1 （省略）

2 （省略）

🔰アドバイス 必要なものがえがかれていたら，ほめてあげましょう。それがなぜ必要なのか教えてあげてください。図鑑などをいっしょに見て，生き物の生態に興味や関心を持たせましょう。

㊶ 町たんけん（夏）　41ページ

1 （省略）

🔰アドバイス ○をつけたようすについて，くわしく聞いてあげましょう。これ以外にも，夏の町のようすで見つけたことがあれば，話を聞いてあげてください。地域に関心を持つのは大切なことです。

㊷ やさいを とり入れよう　42ページ

1 **2**

🔰アドバイス 正しいものに○がついていたら，ほめてあげましょう。ミニトマトだけでなく，身の回りの作物について，育て方やとり入れ方を説明し，植物の栽培に対する興味や関心を高めてあげてください。

㊸ くふうして 作ろう　　43ページ

1 （省略）

📢**アドバイス** 車を作るうえでの工夫ができていればよいでしょう。どうして，そのような工夫をしたのかを聞いてあげて，子どもが考えたアイデアをほめてあげてください。実際に子どもといっしょにおもちゃを作り，**工作の楽しさ**を体験させることで，もの作りへの興味・関心を持たせることができます。

㊹ みんなで つかう 町の しせつ　44ページ

1 （省略）

📢**アドバイス** 町たんけんを通して，地域で働いている人に関心を持ち，適切に接することができるようにしましょう。また，駅や図書館などの，公共施設を正しく利用できるように**使用のルール**を説明してあげましょう。これ以外にも，本などで見たことのある施設や行ったことのある施設があれば，その施設について話してあげるとよいでしょう。

㊺ 町たんけん（秋）　　　45ページ

1 （省略）

📢**アドバイス** ○をつけたようすについて，くわしく聞いてあげましょう。これ以外にも，**秋の町のようす**で見つけたことがあれば，話を聞いてあげてください。春や夏とのようすのちがいについて話し合うことで，秋を感じることができるでしょう。また，地域のイベントについて，その由来や目的を話してあげることで，興味や関心を高めてあげてください。

㊻ 町たんけん（冬）　　　46ページ

1 （省略）

📢**アドバイス** ○をつけたようすについて，くわしく聞いてあげましょう。これ以外にも，**冬の町のようす**で見つけたことがあれば，話を聞いてあげてください。冬の行事や各地の冬のようすなどを話してあげるとよいでしょう。

㊼ できるように なったよ　47ページ

1 （省略）

📢**アドバイス** 自分自身で成長したと感じていることを，否定せずに大切にしてあげてください。家族や周囲の人が思う，できるようになったことを聞かせてあげるのも，子どもの自信に繋がるでしょう。

2 （省略）

📢**アドバイス** 一人で成長しているのではなく，家族や周りの人に支えられていることを気づかせてあげるとよいでしょう。

㊽ わたしの アルバム　　48ページ

1 （省略）

📢**アドバイス** 自分の成長のようすを絵や文に表現することによって，自分自身の成長に気づかせることができます。また，そのころの家族の気持ちを話すことによって，**自分の成長と家族とのかかわり**に気づかせてあげるとよいでしょう。

国語

㊾ かなづかい ①　49ページ

1 ❶ア　❷イ　❸イ　❹イ

2 ❶いもおと・そおじ
［う　う］

❷きのうわ・うみえ
［は　へ］

❸おべんとお・どおぶつえん
［う　う］

アドバイス このほかにも「おねえさん」を「おねいさん」と書かないように注意しましょう。

㊿ かなづかい ②　50ページ

1 ❶ア　❷イ　❸ア　❹ア

2 ❶かめお
［を］

❷わたしわ・がっこうえ
［は　へ］

❸ええご・こえり・ことお
［い　お　を］

アドバイス ことばにつく「は・を・へ」を，しっかり意識しましょう。

(51) ことばの　いみ ①　51ページ

1 ❶ア　❷イ

2 ❶活（かつ）やく　❷さんか
❸教（おし）え　❹親切（しんせつ）

(52) ことばの　いみ ②　52ページ

1 ❶ふる　❷はい　❸とじ(しめ)
❹もど(さが)　❺う　❻ちぢ

2 ❶かける　❷はめる

(53) かん字の　読み書き ①　53ページ

1 ❶しんせつ　❷こくご
❸かいわ　❹さんすう
❺まいにち

2 ❶雨・雲・雪　❷海・池

(54) かん字の　読み書き ②　54ページ

1 ❶学校　❷花火　❸左手　❹天気

2 ❶あたら・か　❷たの・き

(55) 点（、）と　丸（。）　55ページ

1 ❶(この店（みせ）で)，(はきものを買（か）う)。
❷(ぼくは)，(いしゃになりたい)。

アドバイス 読点を打つ場所によって，
❶「この店では，きもの(着物)を買う。」
❷「ぼく，はいしゃ(歯医者)になりたい。」
という文になります。

2 ❶(あすは)，(晴（は）れるでしょう)。
❷(きゅう食（しょく）を)，(食（た）べました)。
❸(公園（こうえん）へ)，(あそびに　行（い）きました)。

(56) かぎ（「　」）を　つかう　56ページ

1 ❶(兄（にい）さんが，)「かけっこを　しよう。」(と　言（い）いました。)「ようい，どん。」(と　言って，二人（ふたり）は　走（はし）り出しました。)
❷「いらっしゃい。」(と　言うやおやの　おじさんに，)「ト

マトを　二つ　ください。」
（と　言いました。）

2
　お母さんが、
「買いものに行こう。」
と言ったので、いっしょに
出かけました。

アドバイス　かぎは会話文につけます。最初のかぎは，ます目の右下に，閉じるかぎは，ます目の左上に，句点と並べて書きます。

(57) ことばの　いみ ③　57ページ

1 ❶ぜんぜん　❷はっきり　❸ずるずる　❹とつぜん　❺そろそろ

(58) ことばの　いみ ④　58ページ

1 ❶つける　❷ひやす

2 ❶なめる　❷ひく　❸ころぶ　❹かむ　❺帰(かえ)る　❻ふく

(59) ひつじゅん　59ページ

1 ❶ア　❷イ　❸イ　❹ア　❺イ

アドバイス　❶「左」と❷「右」では，書き出しの部分がちがうことに注意します。

(60) 画数　60ページ

1 ❶台　❷毎　❸声　❹直

2 ❶15　❷7　❸11　❹6　❺11　❻13

(61) 文を　作る ①　61ページ

1 ❶ぼくは・行(い)く　❷鳥(とり)が・とぶ　❸妹(いもうと)は・います　❹星(ほし)が・きれいです　❺風(かぜ)が・ふく

アドバイス　主語を書き出すときには，「ぼくは」「鳥が」まで書くように注意しましょう。

(62) 文を　作る ②　62ページ

1 （右から）2・4・5・1・3

(63) ものがたりを　読む ①　63ページ

1 (1)たくや　(2)しゅうへい

(64) ものがたりを　読む ②　64ページ

1 (1)ふきのとう・雪(ゆき)・ふんばっている
(2)雪(ゆき)

(65) せつ明文を　読む ①　65ページ

1 (1)ホットケーキ（小麦(むぎ)こから 作(つく)る ホットケーキ）の 作りかた
(2)①イ　②ウ　③ア

(66) せつ明文を　読む ②　66ページ

1 (1)たまご・うみ
(2)イ

(67) おくりがな ①　67ページ

1 ❶ア　❷イ

2 ❶下りる　❷上げる　❸止まる　❹行う

68 おくりがな ②　　　68ページ

1 ❶ア　❷ア

2 ❶少し・少ない
　　❷教える・教わる

69 かん字の　読み書き ③　69ページ

1 ❶広・店　❷晴・曜　❸絵・紙
　　❹通・近　❺室・家

70 かん字の　読み書き ④　70ページ

1 ❶おとな　❷じょうず
　　❸ひとり　❹ふたり

✏️アドバイス 特別な読み方をする熟語を「熟字訓」といいます。熟字訓には，一字一字の読みはありません。一つの言葉として覚えるようにしましょう。また，「上手・下手」には「じょうず・へた」のほかに，「うわて・したて」「かみて・しもて」という読み方があります。文の意味を考えて読み分けるようにします。

2 ❶おとうさん　❷おかあさん
　　❸おにいさん　❹おねえさん

71 こそあどことば　　　71ページ

1 （右から）3・1・2

2 ❶あの　❷ここ　❸それ
　　❹どこ

✏️アドバイス 「こ・そ・あ・ど」で始まる指示語を**「こそあどことば」**といいます。「こ」は自分に近いもの，「そ」は相手に近いもの，「あ」は自分と相手から遠いもの，「ど」は不特定のものを指します。ふだんの生活の中で正しく使えるようにしましょう。

72 つなぎことば　　　72ページ

1 ❶けれども　❷たとえば
　　❸だから　❹けれども
　　❺だから

73 かん字の　読み書き ⑤　73ページ

1 ❶内(中)　❷女　❸右　❹北
　　❺近　❻強

2 ❶古い↔新しい　❷太い↔細い

74 かん字の　読み書き ⑥　74ページ

1 （じゅんはいずれでもよい）
　　❶白・赤・黒
　　❷父・母・姉・弟
　　❸目・耳・足

2 ❶百・万　❷昼　❸夏・冬

75 かたかなの　ことば ①　75ページ

1 ❶ワンワン　❷ニャーニャー
　　❸ブーブー　❹カーン
　　❺ポチャン　❻バシャバシャ

2 （じゅんはいずれでもよい）
　　ピヨピヨ・ガタゴト・
　　ガチャン・ゲロゲロ

✏️アドバイス かたかなのことばの長音は，すべて「ー」で表します。

76 かたかなの　ことば ②　76ページ

1 （じゅんはいずれでもよい）
　　❶エプロン・コップ・
　　マフラー・ホットケーキ

❷インド・パリ・スイス

❸アンデルセン・エジソン・
ショパン

㊆ **しを　読む**　　　**77ページ**

1 (1)イ　(2)あしもと・かげ

㊆ **手紙を　読む**　　　**78ページ**

1 (1)おじさん・(今)海へ　来ている

(2)(じゅんはいずれでもよい)

すき通って　いる　ようす。

・魚が　およいで　いるのが

見える　ようす。

(3)来年は，魚と　いっしょに

およげるように　なる　こと。

アドバイス「どんなようすですか」「どんな
ことですか」と問われている場合には，
「……ようす。」「……こと。」という文末表
現で答えるようにしましょう。

㊆ **ことばの　きまり①**　　**79ページ**

1 ❶なきさけぶ　❷つみかさねる
❸歩き回る　❹もち上げる

アドバイス 二つのことばが合わさってできた
ことばを「複合語」といいます。前にくること
ばの最後がイ段になることを理解しましょう。

2 ❶赤+とんぼ　❷夏+休み

㊆ **ことばの　きまり②**　　**80ページ**

1 ❶さつ　❷ひき　❸本　❹人
❺まい　❻羽　❼足　❽台
❾頭　❿けん

㊆ **ものがたりを　読む③**　**81ページ**

1 (1)ずっと　楽しみに　して　き
た　運動会の　前の　日で
どきどきして　いたから。

(2)アンカーで　走る　リレーで
ぜったいに　一位に　なりた
いから。

㊆ **ものがたりを　読む④**　**82ページ**

1 (1)ぴかぴかっ・ぴかぴかぴかぴ
かっ

(2)のはらむらに　さんぽに　お
いで

㊆ **せつ明文を　読む③**　　**83ページ**

1 (1)(じゅんはいずれでもよい)

くらい　道を　明るく　てら
す　もの・つぎの　うごきを
しめす　もの・いろいろな
合図を　する　もの

(2)あんぜん・じこ

㊆ **せつ明文を　読む④**　　**84ページ**

1 (1)タンポポ・ホウセンカ

(2)芽・根